EDUCACIÓN FINANCIERA

ÍNDICE:

1. Introducción

1.1. Bienvenidos

Bienvenidos a este viaje transformador, diseñado especialmente para ti. Este libro está dirigido a todas las personas que están atravesando un momento de cambio financiero en sus vidas. El hecho de que hayas tenido el valor de adquirir esta guía práctica indica que estás interesado en aprender a gestionar tus finanzas personales de manera efectiva.

Las finanzas personales son una parte muy importante en la vida de cualquier persona, algunos logran reconocerlos y otros se siguen endeudando cada vez más, que tener alto poder adquisitivo, una correcta gestión de finanzas y un constante aprendizaje de educación financiera son términos que no son importantes y por ende muchos no se atreven a indagar y explorar el mundo de las finanzas personales.

En las siguientes páginas, encontrarás información valiosa que te permitirá liberarte de la cadena de la deuda, evitar deudas grandes y aprender a identificar patrones de gastos innecesarios. También aprenderás a elaborar tu propio presupuesto de manera práctica y sencilla. Esta guía te acompañará en el nuevo camino hacia tu transformación financiera, ayudándote a lograr un futuro económico personal estable y liberándote del estrés financiero.

1.2. Objetivos de esta guía

El propósito de esta guía es simple pero poderoso: ayudarte a cambiar el transcurso de tus finanzas personales. No importa si estás comenzando desde cero o si ya tienes algo de conocimiento, esta guía te acompañará paso a paso en tu camino hacia la estabilidad y el crecimiento financiero. Los objetivos principales incluyen:

- **Comprender tu situación financiera actual**: Identificar tus ingresos, gastos y deudas para tener una visión clara de dónde te encuentras.
- **Crear y gestionar un presupuesto**: Desarrollar un plan financiero que te permita vivir dentro de tus posibilidades y alcanzar tus metas.
- **Salir de la deuda**: Implementar estrategias efectivas para pagar tus deudas y evitar caer en ellas nuevamente.
- **Ahorrar inteligentemente**: Aprender a ahorrar de manera efectiva, creando un fondo de emergencia y preparándote para el futuro.
- **Inversiones básicas**: Introducirte en el mundo de las inversiones, entender los conceptos clave y empezar a invertir de manera segura.
- **Educación continua**: Proveer recursos para que continúes aprendiendo y creciendo financieramente a lo largo del tiempo.

1.3. Importancia de la Educación Financiera

La educación financiera es mucho más que simples números y presupuestos; es una poderosa herramienta de empoderamiento personal que abre puertas a un mundo de posibilidades. Su importancia se magnifica por diversos factores. Históricamente, la educación primaria ha dejado de lado la enseñanza de habilidades financieras, lo que ha llevado a muchas personas a carecer de conocimientos esenciales para administrar su dinero de manera eficaz. Esta carencia ha resultado en un estrés financiero persistente que afecta la calidad de vida de muchas personas.

La educación financiera proporciona las habilidades y conocimientos necesarios para superar estos obstáculos, permitiéndote construir una vida plena, autónoma y financieramente saludable. Con estos conocimientos, puedes tomar el control de tus finanzas, reducir el estrés y aumentar tu confianza en la toma de decisiones económicas.

Aprender hábitos financieros importantes significa entender que hay otro camino diferente al que nos han enseñado. Imagina un sendero, un camino que se extiende ante ti, brillante y lleno de promesas. En este viaje, el dinero es más que una simple transacción; es un recurso que puedes manejar con sabiduría y propósito para guiar tu vida hacia donde realmente deseas ir.

Visualiza cómo, al dominar tus finanzas, te conviertes en el arquitecto de tu propio destino. Cada decisión financiera que tomes te acerca más a tus sueños y metas, creando una base sólida para un futuro lleno de posibilidades. Con la educación financiera, no solo aprendes a manejar el dinero, sino que también descubres cómo utilizarlo como una herramienta para construir la vida que siempre has imaginado.

Rompiendo Cadenas

Muchas personas se encuentran atrapadas en ciclos de deuda y gastos impulsivos, sin saber cómo salir. Este problema no solo causa estrés financiero, sino que también puede afectar la salud mental y emocional.

Esta guía no solo te mostrará cómo romper esas cadenas, sino que también te dará las llaves para construir una fortaleza financiera sólida. Aprenderás a identificar y eliminar hábitos financieros perjudiciales, a establecer un presupuesto efectivo que te permita vivir dentro de tus posibilidades, y a crear un plan de ahorro e inversión que te asegure un futuro estable y próspero.

Además, te proporcionará estrategias prácticas para gestionar tus deudas de manera eficiente, reducir tus gastos sin sacrificar tu calidad de vida, y aumentar tus ingresos a través de diversas oportunidades.

Construyendo Sueños

Con una base financiera sólida, tus sueños se vuelven alcanzables. Ya sea comprar una casa, viajar por el mundo, iniciar tu propio negocio, o simplemente vivir sin el constante estrés financiero, todo es posible con el conocimiento adecuado. Cuando dominas tus finanzas, abres la puerta a un mundo lleno de oportunidades y te empoderas para hacer realidad tus más grandes aspiraciones.

Imagina un futuro en el que tus metas ya no sean solo deseos lejanos, sino realidades palpables. Cada decisión financiera acertada te acerca más a tus sueños, brindándote la libertad de vivir la vida que siempre has querido. La seguridad financiera no solo libera tu mente del peso del estrés económico, sino que también te permite soñar en grande y actuar con valentía. Con cada paso que das hacia la educación financiera, te conviertes en el creador de tu propio destino, construyendo un camino brillante hacia un mañana lleno de posibilidades ilimitadas.

Comunidad y Apoyo

No estás solo/a en este camino. Al aprender y aplicar estos principios, te unirás a una comunidad de personas empoderadas que están redefiniendo sus vidas y su futuro.

Es común que a lo largo de la vida se enseñen diversas habilidades intelectuales y formativas, pero hablar de finanzas personales en el ámbito académico aún es un tabú. En la educación primaria y secundaria, raramente se aborda la importancia de la gestión financiera, dejando a muchas personas sin las herramientas necesarias para administrar su dinero de manera efectiva.

Comprender y aplicar los conceptos de educación financiera no solo mejora tu situación económica, sino que también fomenta tu desarrollo personal. Estas habilidades te ayudarán a tomar decisiones informadas y responsables, permitiéndote alcanzar tus metas y vivir una vida más plena y segura.

Con el tiempo y la práctica, estos conceptos se convertirán en hábitos cotidianos. Llegará un momento en que gestionar tus finanzas será tan natural como cualquier otra habilidad que dominas, permitiéndote realizar cualquier cosa que desees en el ámbito económico.

Es un placer darte la bienvenida a esta práctica guía, donde aprenderás paso a paso todo sobre educación financiera. Prepárate para transformar tu vida y construir un futuro financiero sólido.

2. Conociendo tu Situación Financiera Actual

2.1. Evaluación financiera inicial

El primer paso para tomar control de tus finanzas es entender tu situación actual. Piensa en esto como un diagnóstico financiero.

Es crucial saber exactamente dónde estás antes de poder planificar hacia dónde quieres ir. Así que para ello te proporcionaré una hoja de ruta sencilla para llevar a cabo esta evaluación:

Inventario Financiero Personal

Haz una lista de todos tus activos (cuentas bancarias, propiedades, inversiones) y tus pasivos (deudas, préstamos, tarjetas de crédito).

Para poder identificar de manera correcta cuales son tus activos y cuales son tus pasivos es importante conocer las diferencias de cada uno y lo que estos significan.

ACTIVO: son las cosas que tú posees y que tienen valor. Estas cosas pueden ayudarte a ganar dinero o tienen el potencial de hacerlo.

Ejemplos de activos son:

- **Dinero en el banco:** El dinero que tienes guardado.
- **Casa o apartamento:** Propiedades que posees.
- **Automóvil:** Un coche que puedes usar o vender.
- **Acciones:** Inversiones en la bolsa de valores.
- **Salario/sueldo:** Generalmente, este es el activo con el que la mayoría de las personas cuentan y el único que tienen.

PASIVOS: son todas las deudas o compromisos que tienes que pagar. Representan el dinero que debes a otras personas o entidades.

Ejemplos de pasivos son:

- **Préstamos bancarios:** Dinero que pediste prestado al banco y que tienes que devolver.
- **Tarjetas de crédito:** Saldo que debes pagar por las compras realizadas con tarjeta.
- **Hipoteca:** Dinero que debes por la compra de tu casa.
- **Facturas pendientes:** Servicios o productos que has recibido pero aún no has pagado.

Diferencia Clave

- **Activos:** Son cosas que posees y que te pueden ayudar a ganar dinero o que tienen valor.
- **Pasivos:** Son las deudas o compromisos que tienes que pagar.

Ejemplo Simple

- **Activos:** Tienes una bicicleta que puedes vender por dinero.
- **Pasivos:** Debes dinero a un amigo porque te prestó para comprar la bicicleta.

Es importante tener más activos que pasivos para estar en una buena situación financiera.

Ingresos Mensuales

Anota todas tus fuentes de ingresos, incluyendo salario, trabajos secundarios, ingresos por inversiones, etc.

Es importante que aprendas a identificar cuales son tus fuentes de ingresos mensuales.

Ingreso Nro 1:

Ingreso Nro 2:

Ingreso Nro 3:

Total de ingresos mensuales:

Gastos Mensuales

Detalla todos tus gastos, desde los esenciales (alquiler, servicios, alimentos) hasta los no esenciales (entretenimiento, compras impulsivas).

Alquiler:

Necesidades básicas:

Luz y agua:

Servicios a los que accedes:

Compras con tarjeta:

Pago de deudas:

Total de gastos mensuales:

Modifica el encuadre de acuerdo a tus necesidades.

2.2. Identificación de ingresos y gastos

Entender tus ingresos y gastos es fundamental para manejar tus finanzas de manera efectiva. Aquí te muestro cómo hacerlo:

- **Categoriza tus ingresos y gastos**: Divide tus ingresos y gastos en categorías (por ejemplo, ingresos: salario, ingresos por freelance; gastos: vivienda, alimentación, transporte, entretenimiento). Utiliza herramientas como hojas de cálculo o aplicaciones de gestión financiera para mantener todo organizado.

- **Rastrea tus gastos:** Durante un mes, registra cada gasto que realices. Esto te ayudará a identificar patrones y áreas donde podrías estar gastando más de lo necesario.

- **Análisis de patrones de gastos:** Revisa tus registros y pregúntate: ¿Hay gastos que podrían reducirse o eliminarse? ¿Hay categorías donde siempre gastas más de lo presupuestado?

Puede parecer una tarea difícil, pero en realidad no lo es. Identificar tus gastos e ingresos mensuales es un paso fundamental para el crecimiento de tus finanzas a lo largo del tiempo. Al hacerlo, podrás identificar patrones de gastos innecesarios y categorizar tanto tus ingresos como tus gastos, permitiéndote tener un control detallado de cada movimiento financiero que realices. Esta práctica no solo te ayudará a eliminar gastos superfluos, sino que también te proporcionará una visión clara de tu situación financiera, facilitando la toma de decisiones informadas y estratégicas. Con esta organización, podrás optimizar tus recursos y dirigir tus finanzas hacia un futuro más próspero y seguro.

2.3. Análisis de deudas y obligaciones financieras

Las deudas pueden ser una de las mayores barreras para la estabilidad financiera, pero enfrentarlas directamente es el primer paso para superarlas. Aquí te guiamos sobre cómo analizar tus deudas y obligaciones financieras:

- **Lista de deudas:** Anota todas tus deudas en el siguiente encuadre, incluyendo el saldo pendiente, la tasa de interés, y el pago mensual. Incluye deudas como tarjetas de crédito, préstamos estudiantiles, préstamos personales y hipotecas.

- **Entiende tus términos de deuda:** Revisa los términos y condiciones de cada deuda. Esto incluye la tasa de interés, las fechas de vencimiento y cualquier penalidad por pagos atrasados.

- **Cálculo del índice de deuda**: Divide tu deuda total por tus ingresos mensuales para obtener tu índice de deuda. Este índice te ayudará a entender qué tan gravosas son tus deudas en relación con tus ingresos.

Con una clara comprensión de tu situación financiera actual, estarás mejor equipada para tomar decisiones informadas y estratégicas. Recuerda, este es solo el comienzo de tu viaje hacia la libertad financiera. Cada pequeño paso que des en esta etapa establecerá una base sólida para tu éxito futuro.

3. Presupuesto Personal

3.1. ¿Qué es un presupuesto?

Un presupuesto es una herramienta fundamental para gestionar tus finanzas. Es un plan detallado que te permite asignar tus ingresos a diferentes categorías de gastos y ahorro, asegurando que vivas dentro de tus posibilidades y te acerques a tus metas financieras. Piensa en tu presupuesto como un mapa que guía cada decisión financiera, ayudándote a evitar gastos impulsivos y a maximizar tus recursos.

Elaborar y seguir un presupuesto no solo te proporciona claridad sobre tu situación financiera, sino que también te da el control necesario para tomar decisiones informadas y estratégicas. Al categorizar tus ingresos y gastos, puedes identificar áreas donde puedes recortar gastos y aumentar el ahorro. Además, un presupuesto te ayuda a prepararte para gastos imprevistos, estableciendo un fondo de emergencia que puede protegerte de sorpresas financieras.

Un presupuesto bien planificado también te permite priorizar tus metas financieras a largo plazo, como la compra de una casa, la jubilación, o la educación de tus hijos. Al asignar fondos regularmente hacia estas metas, te asegurarás de que estás avanzando constantemente hacia un futuro financiero más seguro y estable.

3.2. Cómo crear un presupuesto efectivo

Crear un presupuesto efectivo puede parecer abrumador al principio, pero con los pasos adecuados, se convierte en una tarea manejable y gratificante:

1- Establece tus metas financieras: Antes de asignar tus ingresos, es crucial tener claras tus metas a corto, mediano y largo plazo. ¿Estás ahorrando para unas vacaciones, un fondo de emergencia, la compra de una casa o la jubilación?

2- Calcula tus ingresos: Anota todas tus fuentes de ingresos mensuales. Asegúrate de considerar ingresos fijos y variables.

3- Lista tus gastos: Divide tus gastos en categorías (vivienda, alimentación, transporte, entretenimiento, etc.). Sé lo más específica posible.

4- Asigna tus ingresos a cada categoría: Asegúrate de que cada moneda tenga un propósito. Si tu gasto excede tus ingresos, busca áreas donde puedas reducir gastos.

5- Revisa y ajusta: Un presupuesto no es estático. Revisa tus gastos mensualmente y ajusta tu presupuesto según sea necesario. La flexibilidad es clave para un presupuesto exitoso.

Una vez que tengas una idea clara de tus hábitos financieros, el siguiente paso es categorizar tus gastos en esenciales y no esenciales. Los gastos esenciales incluyen cosas como vivienda, alimentos, servicios públicos y transporte, mientras que los no esenciales pueden ser entretenimiento, salidas a cenar y compras impulsivas. Al hacer esta distinción, podrás ver claramente dónde puedes hacer ajustes para ahorrar más. Establece metas financieras específicas y asigna una parte de tus ingresos mensuales a cada una de ellas, asegurándote de incluir un fondo de emergencia para imprevistos.

El verdadero poder de un presupuesto efectivo radica en su capacidad de adaptarse a tus necesidades cambiantes. Revisa y ajusta tu presupuesto regularmente para reflejar cualquier cambio en tus ingresos o gastos. Esta flexibilidad te ayudará a mantener el control de tus finanzas y a evitar la frustración de no poder cumplir con tus objetivos financieros. Además, celebrar los pequeños logros y avances hacia tus metas puede mantenerte motivado y comprometido con tu plan financiero a largo plazo.

En definitiva, un presupuesto no es solo una herramienta de control, sino también una guía hacia la libertad financiera. Con disciplina y perseverancia, verás cómo tus esfuerzos se traducen en un mejor manejo de tus recursos y una mayor tranquilidad económica. Al dominar el arte del presupuesto, estarás un paso más cerca de alcanzar tus sueños financieros y de vivir una vida más plena y segura.

3.3. Herramientas y aplicaciones para aprender a presupuestar

Existen muchas herramientas y aplicaciones que pueden ayudarte a mantener tu presupuesto organizado y accesible. Algunas de las más populares incluyen:

- **Mint**: Una aplicación gratuita que conecta todas tus cuentas bancarias y tarjetas de crédito, categorizando tus transacciones automáticamente y proporcionando informes de gastos.

- **YNAB** (You Need A Budget): Esta herramienta se enfoca en ayudarte a asignar cada dinero a un propósito específico, promoviendo una gestión proactiva de tus finanzas.

- **Goodbudget**: Basada en el sistema de sobres, esta aplicación te ayuda a dividir tu dinero en categorías específicas y a seguir tus gastos.

Estas herramientas no solo facilitan la creación y gestión de un presupuesto, sino que también ofrecen informes y gráficos que te permiten visualizar tu progreso.

3.4. Ejemplos de presupuestos

Para ayudarte a comenzar, aquí tienes algunos ejemplos de presupuestos que puedes adaptar a tus necesidades:

Presupuesto Básico Mensual:

Ingresos: $3000

Gastos:

Vivienda (alquiler/hipoteca): $1000

Alimentación: $400

Transporte: $200

Servicios Públicos: $150

Entretenimiento: $150

Ahorro: $600

Deuda: $300

Misceláneos: $200

Elabora tu propio presupuesto de acuerdo a tus necesidades:

Presupuesto Básico Mensual:

Ingresos: $

Gastos:

Vivienda (alquiler/hipoteca): $

Alimentación: $

Transporte: $

Servicios Públicos: $

Entretenimiento: $

Ahorro: $

Deuda: $

Misceláneos: $

Anotaciones:

Debes elaborar tu presupuesto las veces que sea necesario, debes estar dispuesta a equivocarte, a empezar de nuevo si es necesario.

Este ejemplo es solo una guía para que puedas comenzar a elaborar tus propios presupuestos de acuerdo a tus necesidades.

Puedes imprimir y recortar las siguientes páginas para que las utilices si deseas, a modo de guía práctica para ir elaborando tu presupuesto personal poco a poco.

4. Gestión de Deudas

4.1. Tipos de deudas (tarjetas de crédito, préstamos, hipotecas)

Las deudas pueden clasificarse en diferentes tipos, cada una con sus propias características y desafíos. Comprender estos tipos es esencial para manejarlas efectivamente.

Tarjetas de crédito: Estas suelen tener altas tasas de interés y son una forma común de deuda. Son útiles para compras a corto plazo, pero pueden convertirse en un problema si no se pagan a tiempo.

Préstamos personales: Son préstamos que se pueden utilizar para una variedad de propósitos, como consolidar deudas, financiar un proyecto grande o cubrir gastos inesperados. Las tasas de interés varían según el prestamista y el historial crediticio del prestatario.

Hipotecas: Son préstamos a largo plazo utilizados para comprar propiedades. Tienen tasas de interés más bajas en comparación con otros tipos de deuda debido a la garantía del bien inmueble.

4.2. Estrategias para pagar deudas (Método Bola de Nieve vs. Método Avalancha)

Pagar deudas puede ser un desafío, pero con las estrategias adecuadas, es posible hacerlo de manera efectiva. Dos métodos populares son el Método Bola de Nieve y el Método Avalancha:

Método Bola de Nieve:

- Paga primero las deudas más pequeñas mientras mantienes los pagos mínimos en las otras deudas.

- Una vez pagada la deuda más pequeña, usa el dinero que destinabas a ella para pagar la siguiente más pequeña, y así sucesivamente.

- Este método brinda una sensación de logro y motivación al ver rápidamente el número de deudas disminuir.

Método Avalancha:

- Paga primero las deudas con la tasa de interés más alta mientras mantienes los pagos mínimos en las otras deudas.

- Una vez pagada la deuda con mayor interés, usa el dinero que destinabas a ella para pagar la siguiente deuda con la tasa de interés más alta.

- Este método ahorra dinero a largo plazo al reducir la cantidad total de intereses pagados.

Es importante que tengas en cuenta que estos dos consejos puedes adaptarlos según tus características y el tipo de deuda que vayas a destinar los pagos.

Ten en cuenta que al liberarte del "peso" de las deudas, estarás logrando uno de los primeros pasos para enriquecer tu Educación Financiera.

4.3. Negociación con acreedores

Negociar con tus acreedores puede ser una estrategia efectiva para gestionar tu deuda. Aquí tienes algunos consejos para hacerlo:

- **Comunicación abierta:** Llama a tus acreedores y explícale tu situación. La honestidad y la transparencia son clave.

- **Propuestas de pago:** Propón un plan de pago que puedas cumplir. Pregunta si pueden reducir la tasa de interés, eliminar cargos por pagos atrasados o extender el plazo de pago.

- **Documenta todo:** Mantén un registro de todas las conversaciones y acuerdos por escrito para evitar malentendidos en el futuro.

En definitiva, un presupuesto no es solo una herramienta de control, sino también una guía hacia la libertad financiera. Con disciplina y perseverancia, verás cómo tus esfuerzos se traducen en un mejor manejo de tus recursos y una mayor tranquilidad económica. Al dominar el arte del presupuesto, estarás un paso más cerca de alcanzar tus sueños financieros y de vivir una vida más plena y segura.

4.4. Cómo evitar la trampa de la deuda

La prevención es fundamental para evitar caer nuevamente en la trampa de la deuda. Aquí tienes algunas estrategias para mantenerte libre de deudas:

- **Vive dentro de tus posibilidades:** Asegúrate de que tus gastos no excedan tus ingresos. Utiliza un presupuesto para controlar y limitar tus gastos.

- **Fondo de emergencia:** Ahorra para emergencias inesperadas. Tener un fondo de emergencia te ayudará a evitar recurrir a la deuda en situaciones imprevistas.

- **Uso prudente del crédito:** Usa las tarjetas de crédito y los préstamos de manera responsable. No gastes más de lo que puedes pagar al final del mes.

- **Educación financiera continua:** Sigue aprendiendo sobre finanzas personales. La educación financiera te proporciona las herramientas necesarias para tomar decisiones informadas.

5. Ahorro

5.1. La importancia del ahorro

El ahorro es una de las piedras angulares de la estabilidad financiera. No solo proporciona una red de seguridad en caso de emergencias, sino que también te permite alcanzar tus metas a corto y largo plazo. Ahorrar te da la libertad y la flexibilidad de tomar decisiones sin la presión inmediata de los problemas financieros.

Construir un hábito de ahorro constante es crucial para tu bienestar económico. Comienza estableciendo un objetivo de ahorro mensual, aunque sea pequeño. Lo importante es la constancia y el compromiso. Con el tiempo, verás cómo tus ahorros crecen y cómo te sientes más seguro y preparado para enfrentar cualquier imprevisto.

Además, el ahorro te permite invertir en tu futuro. Ya sea que estés ahorrando para la educación de tus hijos, la compra de una casa, o tu jubilación, tener un fondo de ahorro sólido te da la confianza de que puedes alcanzar estos objetivos sin depender de préstamos o deudas. Invertir parte de tus ahorros en opciones que generen rendimientos también puede ayudarte a incrementar tu patrimonio de manera significativa.

Ahorrar te permitirá tener mayor control ante imprevistos o situaciones que puedan suceder en la vida cotidiana.

- **Emergencias**: Un fondo de emergencia te protege contra gastos imprevistos como reparaciones del hogar, facturas médicas o pérdida de empleo.

- **Metas financieras:** Ya sea que estés ahorrando para unas vacaciones, la educación de tus hijos, o la compra de una casa, el ahorro te permite planificar y alcanzar estos objetivos.

- **Jubilación:** Ahorrar para la jubilación te asegura que puedas mantener tu estilo de vida una vez que dejes de trabajar.

- **Reducción de estrés financiero:** Tener ahorros reduce la ansiedad relacionada con las finanzas, proporcionando una mayor tranquilidad.

La importancia de ahorrar constantemente es el valor de que se puede acceder a un fondo de emergencia en casos especiales, para cubrir gastos imprevistos o pérdida/renuncia de un trabajo.

5.2 Tipos de cuenta de ahorro

Pero...¿cómo comenzar a ahorrar?
A continuación tendrás al detalle las diferentes opciones de ahorro que existen para que encuentres la que mejor se adapte a ti.

Existen varios tipos de cuentas de ahorro que pueden ayudarte a gestionar y maximizar tu dinero. Aquí hay algunas opciones comunes:

- **Cuenta de ahorros tradicional:** Estas cuentas son fáciles de abrir y mantener, ofrecen un lugar seguro para tu dinero y suelen pagar intereses, aunque a tasas relativamente bajas.

- **Cuenta de ahorros de alto rendimiento:** Ofrecen tasas de interés más altas que las cuentas de ahorros tradicionales. Son una buena opción si buscas hacer crecer tus ahorros más rápidamente.

- **Cuenta de ahorro a plazo fijo:** Ofrecen tasas de interés más altas, pero requieren que dejes tu dinero depositado por un período específico de tiempo.

- **Cuenta de ahorro para la jubilación:** Estas cuentas están diseñadas específicamente para ahorrar para la jubilación y ofrecen beneficios fiscales.

- **Cuentas de ahorro especializadas:** Algunas cuentas están diseñadas para objetivos específicos, como cuentas de ahorro para la educación.

5.3. Estrategias de ahorro efectivas

Ahorrar dinero puede parecer un desafío, pero con las estrategias adecuadas, es totalmente manejable. Aquí tienes algunas tácticas para maximizar tus ahorros:

- **Automatiza tus ahorros:** Configura transferencias automáticas desde tu cuenta corriente a tu cuenta de ahorros. Esto asegura que una parte de tus ingresos se ahorre antes de que tengas la oportunidad de gastarlos.

- **Establece metas de ahorro claras:** Define cuánto necesitas ahorrar y para qué. Tener metas específicas te motivará a seguir adelante.

- **Recorta gastos innecesarios:** Revisa tus gastos mensuales y busca áreas donde puedas reducir. Pequeños recortes pueden sumarse a grandes ahorros.

- **Utiliza aplicaciones de ahorro:** Hay muchas aplicaciones que te ayudan a ahorrar dinero automáticamente redondeando tus compras y depositando el cambio en una cuenta de ahorros.

- **Ahorra los ingresos extra:** Destina cualquier ingreso adicional, como bonos o regalos en efectivo, directamente a tu cuenta de ahorros.

5.4. Construcción de un fondo de emergencia

Un fondo de emergencia es crucial para tu estabilidad financiera. A continuación te mostraré el paso a paso para construir tu propio fondo de emergencia.

- **Determina la cantidad necesaria:** Generalmente, un fondo de emergencia debe cubrir entre tres y seis meses de gastos esenciales. Calcula tus gastos mensuales y multiplícalos por el número de meses que deseas cubrir.

- **Abre una cuenta separada:** Mantén tu fondo de emergencia en una cuenta separada de tus cuentas corrientes para evitar la tentación de usarlo para gastos no esenciales.

- **Comienza pequeño:** Si la cantidad total parece abrumadora, empieza con una meta más pequeña, como $500 o $1000. Luego, continúa construyendo hasta alcanzar tu objetivo.

- **Hazlo prioritario:** Trátalo como cualquier otro gasto esencial. Incluye contribuciones a tu fondo de emergencia en tu presupuesto mensual.

6. Inversión

6.1. Conceptos básicos de inversión

Invertir puede parecer intimidante al principio, pero entender los conceptos básicos es el primer paso hacia la creación de riqueza.

En lo personal, cuando comencé a invertir, mi presupuesto mensual no me permitía ahorrar e invertir al mismo tiempo, dado que cobraba un salario bastante bajo. Pero por ese motivo no baje los brazos, decidí invertir cada mes en vez de ahorrar, y el fruto de el interés de la inversión me brindó el capital suficiente para poder comenzar a ahorrar.

Aquí tienes algunos conceptos clave para comenzar:

- **Rendimiento**: La ganancia o pérdida obtenida de una inversión durante un período específico.

- **Riesgo**: La posibilidad de que una inversión no rinda lo esperado. Mayor riesgo generalmente significa mayor potencial de retorno, pero también mayor potencial de pérdida.

- **Diversificación**: La práctica de distribuir tus inversiones en diferentes activos para reducir el riesgo.

- **Liquidez**: La facilidad con la que puedes convertir una inversión en efectivo sin afectar su valor.

- **Inflación**: El aumento general de los precios con el tiempo, que puede erosionar el poder adquisitivo de tus inversiones si no se gestionan adecuadamente.

6.2. Tipos de inversiones (acciones, bonos, fondos mutuos, bienes raíces, activos digitales)

Existen varias clases de activos en los que puedes invertir, cada uno con sus propios beneficios y riesgos

- **Acciones:** Representan la propiedad parcial de una empresa. Invertir en acciones puede ofrecer altos rendimientos, pero también conlleva un mayor riesgo.

- **Bonos:** Son préstamos que haces a una entidad (gobierno, corporación) a cambio de pagos de intereses periódicos y la devolución del capital al vencimiento. Son menos riesgosos que las acciones, pero generalmente ofrecen rendimientos más bajos.

- **Fondos Mutuos:** Agrupan dinero de muchos inversores para comprar una cartera diversificada de acciones, bonos u otros valores. Son gestionados por profesionales y ofrecen diversificación instantánea.

- **Bienes Raíces:** Invertir en propiedades inmuebles puede proporcionar ingresos por alquiler y apreciación del valor de la propiedad. Requiere una inversión inicial significativa y conlleva riesgos de mercado y de mantenimiento.

 ## 6.3. Cómo comenzar a invertir

Comenzar a invertir puede ser sencillo con la orientación adecuada.

Aquí tienes algunos pasos para iniciar tu viaje de inversión:

- **Establece tus objetivos:** Define qué esperas lograr con tus inversiones (por ejemplo, crecimiento del capital, ingresos pasivos, ahorro para la jubilación).

- **Determina tu tolerancia al riesgo:** Entiende cuánto riesgo estás dispuesto a asumir. Esto dependerá de tu situación financiera, tus metas y tu personalidad.

- **Elige una plataforma de inversión:** Decide si prefieres invertir por tu cuenta a través de una plataforma de inversión en línea o si prefieres la ayuda de un asesor financiero.

- **Empieza con lo que tienes:** No necesitas una gran cantidad de dinero para comenzar. Muchas plataformas permiten inversiones pequeñas y ofrecen opciones de inversión automática.

- **Educa y mantente informado:** Lee libros, sigue blogs financieros y escucha podcasts sobre inversión. La educación continua es clave para tomar decisiones informadas.

6.4. Riesgos y beneficios de la inversión

Invertir conlleva tanto riesgos como beneficios. Es importante comprender ambos para tomar decisiones informadas:

Beneficios:
- **Crecimiento del capital:** Las inversiones pueden crecer significativamente con el tiempo, aumentando tu patrimonio.

- **Ingresos pasivos:** Algunas inversiones, como bonos y bienes raíces, pueden generar ingresos regulares.

- **Protección contra la inflación:** Las inversiones adecuadas pueden superar la inflación y mantener o aumentar tu poder adquisitivo.

Riesgos:
- **Pérdida de capital:** Todas las inversiones tienen el riesgo de perder valor, especialmente las acciones y bienes raíces.

- **Riesgo de mercado:** Las condiciones del mercado pueden afectar negativamente tus inversiones.

- **Riesgo de inflación:** Si las inversiones no crecen al ritmo de la inflación, puedes perder poder adquisitivo.

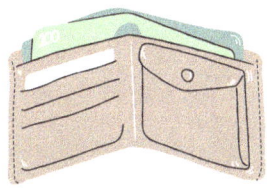

6.5. Consejos para inversionistas principiantes

- **Empieza temprano:** Cuanto antes empieces a invertir, más tiempo tendrás para que tus inversiones crezcan.

- **Busca educación y apoyo**: Participa en seminarios, talleres y comunidades de inversión. El conocimiento y la red de apoyo son cruciales.

- **Sé constante**: Invierte regularmente, incluso si son pequeñas cantidades. La consistencia es clave para el crecimiento a largo plazo.

- **Diversifica tus inversiones**: No pongas todos tus huevos en una sola canasta. Diversifica para mitigar riesgos.

6.6. Inversiones en activos digitales

¿Qué son los activos digitales?

Los activos digitales son bienes intangibles que existen en formato digital. Entre los más conocidos se encuentran las criptomonedas, como Bitcoin y Ethereum, pero también incluyen tokens no fungibles (NFTs), stablecoins, y otros activos respaldados por tecnología blockchain.

Tipos de activos digitales

- **Criptomonedas**: Monedas digitales descentralizadas basadas en tecnología blockchain. Bitcoin fue la primera y sigue siendo la más conocida, pero existen miles de otras criptomonedas con diferentes características y usos.

- **Tokens no fungibles (NFTs)**: Representan la propiedad de un activo único, como arte digital, música, videos, y otros tipos de contenido digital. Los NFTs han ganado popularidad como una forma de coleccionismo y comercio de arte digital.

- **Stablecoins:** Criptomonedas diseñadas para tener un valor estable, usualmente vinculadas a una moneda fiduciaria como el dólar estadounidense. Ejemplos incluyen Tether (USDT) y USD Coin (USDC).

- **DeFi (Finanzas Descentralizadas):** Plataformas y servicios financieros que operan en blockchain, permitiendo actividades como préstamos, préstamos, y comercio sin intermediarios tradicionales.

Ventajas y desventajas de invertir en activos digitales

Invertir en activos digitales tiene sus propios beneficios y riesgos. Aquí hay algunas ventajas y desventajas clave a considerar.

Ventajas:

- Alta rentabilidad potencial: Algunos activos digitales, especialmente criptomonedas, han experimentado enormes incrementos en valor.

- Acceso global: Cualquier persona con acceso a internet puede invertir, sin necesidad de intermediarios tradicionales.

- Transacciones rápidas y económicas: Las transacciones de activos digitales suelen ser más rápidas y más baratas que las transacciones financieras tradicionales.

- Innovación y diversificación: Los activos digitales ofrecen oportunidades de inversión en nuevas tecnologías y modelos financieros.

Desventajas:

- Alta volatilidad: Los precios de los activos digitales pueden fluctuar significativamente en cortos períodos de tiempo.

- Riesgo de seguridad: Los activos digitales están sujetos a riesgos de seguridad, como hackeos y fraudes.

- Falta de regulación: La regulación de los activos digitales está en desarrollo y varía por región, lo que puede generar incertidumbre.

- Conocimiento técnico: Invertir en activos digitales requiere una comprensión básica de la tecnología blockchain y cómo funcionan las criptomonedas.

Cómo comenzar a invertir en activos digitales

Comenzar a invertir en activos digitales puede ser emocionante y desafiante. Aquí hay algunos pasos para ayudarte a iniciar:

- **Educación:** Investiga y aprende sobre los diferentes tipos de activos digitales y cómo funcionan. Existen numerosos recursos en línea, como blogs, cursos y videos educativos.

- **Elige una plataforma de intercambio**: Selecciona una plataforma confiable para comprar, vender y almacenar tus activos digitales. Algunas plataformas populares incluyen Coinbase, Binance, y Kraken.

- **Configura una cartera digital (wallet):** Para almacenar tus activos digitales de forma segura, necesitarás una cartera digital. Hay carteras de hardware (físicas) y carteras de software (aplicaciones).

- **Empieza con pequeñas inversiones:** Considera comenzar con pequeñas cantidades hasta que te sientas cómodo con el proceso y el mercado.

- **Diversifica tus inversiones:** No pongas todo tu dinero en un solo tipo de activo digital. Diversificar puede ayudar a reducir el riesgo.

- **Mantente informado:** El mercado de activos digitales evoluciona rápidamente. Mantente actualizado con las noticias y tendencias del mercado.

7. Educación Financiera Continua

7.1. La importancia de la educación financiera continua

La educación financiera continua es crucial para mantener y mejorar tu bienestar financiero. La economía y el mundo financiero están en constante cambio, por lo que mantenerse informada y actualizada te permite tomar decisiones más acertadas y adaptarte a nuevas circunstancias.

Aquí tienes algunas razones por las que es importante:

- **Adaptación a cambios económicos:** Las condiciones económicas globales y locales cambian constantemente. Mantenerte informada te ayuda a adaptarte a estos cambios.

- **Mejora de habilidades financieras:** Aprender continuamente te permite mejorar tus habilidades de gestión financiera, como la elaboración de presupuestos, el ahorro, la inversión y la gestión de deudas.

- **Prevención de errores costosos:** La educación continua te ayuda a evitar errores financieros comunes y a tomar decisiones más informadas.

- **Incremento de oportunidades:** Estar al día con las tendencias y las nuevas oportunidades financieras te permite aprovechar nuevas formas de inversión y ahorro.

7.2. Fuentes de educación financiera (libros, cursos, seminarios, podcasts)

Existen numerosas fuentes de información y educación financiera. Aquí tienes algunas opciones que puedes considerar:

- **Libros**: Hay muchos libros excelentes sobre finanzas personales. Algunos clásicos incluyen "Padre Rico, Padre Pobre" de Robert Kiyosaki, "El Hombre Más Rico de Babilonia" de George S. Clason, y "Your Money or Your Life" de Vicki Robin y Joe Dominguez.

- **Cursos en línea:** Plataformas como Coursera, Udemy, y Khan Academy ofrecen cursos sobre finanzas personales, inversión, y más. Algunos cursos destacados son "The Complete Financial Analyst Course" en Udemy y "Financial Markets" en Coursera.

- **Seminarios y talleres:** Participar en seminarios y talleres locales o en línea puede proporcionarte conocimientos prácticos y la oportunidad de hacer preguntas a expertos.

- **Podcasts:** Los podcasts son una forma conveniente de aprender sobre finanzas mientras estás en movimiento. Algunos populares incluyen "The Dave Ramsey Show", "So Money" con Farnoosh Torabi, y "Afford Anything" con Paula Pant.

- **Blogs y sitios web:** Sigue blogs y sitios web dedicados a las finanzas personales para obtener consejos y actualizaciones. Algunos recomendados son "The Simple Dollar", "NerdWallet", y "Mr. Money Mustache".

7.3. Evaluación y ajuste de tus conocimientos financieros

La evaluación regular de tus conocimientos y habilidades financieras es clave para asegurar que sigues progresando. Aquí tienes algunos pasos para evaluar y ajustar tus conocimientos financieros:

- **Autoevaluación:** Regularmente, evalúa tu conocimiento financiero y tus habilidades. Identifica áreas en las que te sientas fuerte y aquellas en las que necesites mejorar.

- **Establece metas de aprendizaje**: Define metas específicas para tu educación financiera. Por ejemplo, podrías decidir aprender sobre un nuevo tipo de inversión cada trimestre.

8. Conclusión

8.1. Resumen de puntos clave

A lo largo de esta guía, hemos explorado diversos aspectos de las finanzas personales. Aquí están los puntos clave que hemos abordado:

- **Introducción:** La importancia de tomar el control de tus finanzas y los beneficios de la educación financiera.
- **Conociendo tu situación financiera actual:** Cómo evaluar y comprender tu situación financiera actual, incluyendo la creación de un balance personal y la evaluación de ingresos y gastos.
- **Presupuesto personal:** La importancia de tener un presupuesto, cómo crear uno y las herramientas y técnicas para mantenerlo.
- **Ahorro:** La importancia del ahorro, tipos de cuentas de ahorro, estrategias de ahorro efectivas y la construcción de un fondo de emergencia.
- **Inversión:** Conceptos básicos de inversión, tipos de inversiones, cómo comenzar a invertir, riesgos y beneficios de la inversión, y consejos para principiantes.
- **Inversiones en activos digitales:** Qué son los activos digitales, ventajas y desventajas de invertir en ellos, cómo comenzar a invertir en activos digitales y consideraciones de seguridad.
- **Educación financiera continua:** La importancia de seguir aprendiendo sobre finanzas, fuentes de educación financiera, grupos y comunidades de apoyo, y cómo evaluar y ajustar tus conocimientos financieros.

Recursos
Adicionales

Para continuar tu viaje hacia la estabilidad y el crecimiento financiero, aquí tienes algunos próximos pasos y recursos adicionales.

- **Revisa tu plan financiero regularmente:** Dedica tiempo cada mes para revisar tu presupuesto, tus ahorros y tus inversiones. Ajusta tu plan según sea necesario.

- **Sigue aprendiendo:** Utiliza los recursos mencionados en la sección de educación financiera continua para seguir ampliando tus conocimientos.

- **Conéctate con una comunidad:** Únete a grupos y comunidades financieras para compartir experiencias, obtener apoyo y aprender de otros.

- **Considera la asesoría profesional:** Si sientes que necesitas ayuda adicional, considera contratar a un asesor financiero para obtener orientación personalizada.

Bonos
de
Regalo

Plantilla de Presupuesto Mensual

Información Personal
- Nombre:
- Mes:
- Año:

Ingresos

Categoría	Monto Planeado	Monto Real
Sueldo/ingresos	$	$
Ingresos Adicionales	$	$
Bonificaciones	$	$
Otros	$	$
Total Ingresos	$	$

Gastos Fijos

Categoría	Monto Planeado	Monto Real
Alquiler/Hipoteca	$	$
Servicios Públicos	$	$
Internet	$	$
Teléfono	$	$
Seguro	$	$
Transporte	$	$
Deudas/Créditos	$	$
Otros	$	$
Total Gastos Fijos	$	$

Gastos Variables

Categoría	Monto Planeado	Monto Real
Comida	$	$
Entretenimiento	$	$
Ropa	$	$
Salud/Medicina	$	$
Otros	$	$
Total Gastos Variables	$	$

Ahorros e Inversiones

Categoría	Monto Planeado	Monto Real
Ahorro de Emergencia	$	$
Ahorro a Largo Plazo	$	$
Inversiones	$	$
Otros	$	$
Total Ahorros e Inversiones	$	$

Resumen

Concepto	Monto Planeado	Monto Real
Total Ingresos	$	$
Total Gastos Fijos	$	$
Total Gastos Variables	$	$
Total Ahorros e Inversiones	$	$
Balance Final	$	$

Plantilla de Presupuesto Anual

- Nombre:
- Año:

Ingresos

Mes	Ingresos	Ingresos Adicionales	Otros	Total
Enero	$	$	$	$
Febrero	$	$	$	$
Marzo	$	$	$	$
Abril	$	$	$	$
Mayo	$	$	$	$
Junio	$	$	$	$
Julio	$	$	$	$
Agosto	$	$	$	$
Septiembre	$	$	$	$
Octubre	$	$	$	$
Noviembre	$	$	$	$
Diciembre	$	$	$	$
Total Anual Ingresos	$	$	$	$

Plantilla de Presupuesto Anual

- Nombre:
- Año:

Gastos

Mes	Alquiler/ Hipoteca	Teléfono	Seguro	Transporte	Deudas/ Créditos	Deseos	Comida	Salud	Total Gastos
Enero	$	$	$	$	$	$	$	$	$
Febrero	$	$	$	$	$	$	$	$	$
Marzo	$	$	$	$	$	$	$	$	$
Abril	$	$	$	$	$	$	$	$	$
Mayo	$	$	$	$	$	$	$	$	$
Junio	$	$	$	$	$	$	$	$	$
Julio	$	$	$	$	$	$	$	$	$

Mes	Alquiler/ Hipoteca	Teléfono	Seguro	Transporte	Deudas/ Créditos	Deseos	Comida	Salud	Total Gastos
Agosto	$	$	$	$	$	$	$	$	$
Septiembre	$	$	$	$	$	$	$	$	$
Octubre	$	$	$	$	$	$	$	$	$
Noviembre	$	$	$	$	$	$	$	$	$
Diciembre	$	$	$	$	$	$	$	$	$
Total anual gastos	$	$	$	$	$	$	$	$	$

Ahorros e Inversiones

Mes	Ahorro de Emergencia	Ahorro a Largo Plazo	Inversiones	Otros Ahorros e Inversiones	Total Ahorros e Inversiones
Enero	$	$	$	$	$
Febrero	$	$	$	$	$
Marzo	$	$	$	$	$
Abril	$	$	$	$	$
Mayo	$	$	$	$	$
Junio	$	$	$	$	$
Julio	$	$	$	$	$
Agosto	$	$	$	$	$
Septiembre	$	$	$	$	$
Octubre	$	$	$	$	$
Noviembre	$	$	$	$	$
Diciembre	$	$	$	$	$
Total Anual Ahorros e Inversiones	$	$	$	$	$

Resumen Anual

Concepto	Total Anual Planeado	Total Anual Real
Total Ingresos	$	$
Total Gastos	$	$
Total Ahorros e Inversiones	$	$
Balance Final	$	$

Estas plantillas son una herramienta valiosa para organizar tus finanzas y ayudarte a alcanzar tus metas financieras. Puedes adaptarlas según tus necesidades y usarlas para monitorear tu progreso financiero mes a mes y año tras año. ¡Espero que te sean de mucha utilidad!

Regla del 50-20-20-10

Aquí tienes una plantilla práctica para aplicar la regla de las finanzas 50-20-20-10, donde el 50% de tus ingresos se destina a necesidades, el 20% a ahorros, el 20% a deseos, y el 10% a ahorros o inversiones. Esta plantilla te ayudará a distribuir tus ingresos de manera efectiva y a seguir esta regla de manera clara y organizada. Es importante destacar que estas plantillas tu las puedes adaptar según tus necesidades.

Plantilla de Presupuesto Mensual (Regla 50-20-20-10)

Información Personal
- Nombre:
- Mes:
- Año:

Ingresos

Categoría	Monto Planeado	Monto Real
Sueldo	$	$
Ingresos Adicionales	$	$
Bonificaciones	$	$
Otros	$	$
Total Ingresos	$	$

Distribución del Ingreso según la Regla 50-20-20-10
50% Necesidades

Categoría	Monto Planeado	Monto Real
Alquiler/Hipoteca	$	$
Servicios Públicos	$	$
Internet	$	$
Teléfono	$	$
Seguro	$	$
Transporte	$	$
Comida	$	$
Salud/Medicina	$	$
Otros	$	$
Total Necesidades	$	$

Distribución del Ingreso según la Regla 50-20-20-10
20% Ahorros

Categoría	Monto Planeado	Monto Real
Ahorro de Emergencia	$	$
Ahorro a Largo Plazo	$	$
Inversiones	$	$
Otros	$	$
Total Ahorros	$	$

Distribución del Ingreso según la Regla 50-20-20-10

20% Deseos

Categoría	Monto Planeado	Monto Real
Entretenimiento	$	$
Ropa	$	$
Viajes	$	$
Comidas Fuera	$	$
Otros	$	$
Total Deseos	$	$

Distribución del Ingreso según la Regla 50-20-20-10
10% Inversiones

Categoría	Monto Planeado	Monto Real
Inversiones Adicionales	$	$
Otros	$	$
Total Inversiones	$	$

Resumen

Concepto	Monto Planeado	Monto Real
Total Ingresos	$	$
Total Necesidades (50%)	$	$
Total Ahorros (20%)	$	$
Total Deseos (20%)	$	$
Total Inversiones (10%)	$	$
Balance Final	$	$

Ejemplo de Distribución
(para facilitar la comprensión)

Supongamos que tus ingresos mensuales son de $2,000. Aquí te mostramos cómo aplicar la regla 50-20-20-10:

Ingresos

Total Ingresos: $2,000

Distribución del Ingreso según la Regla 50-20-20-10

50% Necesidades ($1,000)

- Alquiler/Hipoteca: $500
- Servicios Públicos: $100
- Internet: $50
- Teléfono: $50
- Seguro: $100
- Transporte: $100
- Comida: $75
- Salud/Medicina: $25

20% Ahorros ($400)

- Ahorro de Emergencia: $200
- Ahorro a Largo Plazo: $100
- Inversiones: $100

20% Deseos ($400)

- Entretenimiento: $100
- Ropa: $100
- Viajes: $100
- Comidas Fuera: $100

10% Inversiones ($200)

- Inversiones Adicionales: $100

Estos gastos pueden ser variables de acuerdo a tus ingresos y necesidades personales.

Resumen

- Total Ingresos: $2,000
- Total Necesidades (50%): $1,000
- Total Ahorros (20%): $400
- Total Deseos (20%): $400
- Total Inversiones (10%): $200
- Balance Final: $0

Esta plantilla y el ejemplo práctico deberían ayudarte a aplicar la regla 50-20-20-10 de manera efectiva. Puedes ajustarla según tus necesidades y asegurarte de que cada parte de tus ingresos está bien distribuida para alcanzar tus metas financieras.

Desafío de 7 días

A continuación encontrarás 7 ejercicios prácticos para realizar durante 7 días. Lo ideal es ponerlo en práctica apenas comienza la semana.

Si lo deseas, puedes comenzar por el ejercicio que más te interese e ir avanzando con los que vayas eligiendo, recuerda que tu proceso es único y debes elegir lo que más de adapte a ti.

Luego con el paso del tiempo podrás implementar esos hábitos diarios según tus presupuestos y tus intenciones, puedes elegir aplicar un ejercicio solo, dos o todos si así lo deseas.

Buena suerte.

Actividades y ejercicios para llevar a la práctica en tu día a día.

Aquí tienes diez actividades diarias con ejercicios prácticos para mejorar las finanzas personales. Estas actividades están diseñadas para ayudar a desarrollar hábitos financieros saludables y proporcionar una experiencia de aprendizaje constante.

Es importante que tengas un diario personal donde lleves el registro de cada actividad financiera que realices.
Esto es crucial porque con el paso del tiempo podrás ver tus resultados, los cuales irán mejorando conforme pase el tiempo y apliques estos principios en tu vida.

1. Registro Diario de Gastos

Actividad:
Anotar todos los gastos del día.

Ejercicio: Este ejercicio práctico consiste en seguir una serie de pasos sencillos sobre los gastos que realices en tu día a día.

- Objetivo: Ser consciente de los gastos diarios.
- Acción: Lleva un cuaderno o utiliza una aplicación móvil para registrar cada gasto, por pequeño que sea.
- Reflexión Nocturna: Revisa tus anotaciones al final del día para identificar patrones de gasto innecesarios.

2. Planificación de Comidas

Planificar las comidas del día para evitar gastos imprevistos.

Ejercicio: Si en tu día a día planificas tu alimentación de una forma correcta y ordenada podrás evitar gastos innecesarios de comida.

Es importante que esta necesidad esté cubierta, pero es necesario evitar gastar por de más en alimentos que no beneficiarán tu bolsillo si no tienes una planificación adecuada para tu día.

- Objetivo: Reducir gastos en comida fuera de casa.
- Acción: Dedica 10 minutos cada mañana para planificar tus comidas y hacer una lista de compras.
- Preparación: Cocina tus comidas en casa y lleva almuerzo al trabajo.

3. Revisión de Suscripciones

Actividad:
Revisar y evaluar las suscripciones actuales.

Ejercicio: Todas las personas en el mundo tienen alguna suscripción, ya sea en una cuenta como Spotify, Youtube Premium, Netfix o cualquier otra aplicación con opciones especiales. Revisa cuales te convienen y cuales no, accede a sus beneficios tanto gratuitos como pagos pero recuerda evaluar cuales son realmente necesarias en tu vida.

- Objetivo: Eliminar suscripciones innecesarias.
- Acción: Haz una lista de todas tus suscripciones (revistas, servicios de streaming, etc.).
- Evaluación: Cancela las suscripciones que no utilizas regularmente o que no son esenciales.

4. Evaluación de Necesidades vs. Deseos

Actividad:
Analizar cada compra potencial.

Ejercicio: Está perfecto tener deseos, ya sea comprar algo que te guste o que siempre quisiste, pero es crucial que evalúes que el dinero que utilices sea de tu presupuesto destinado a deseos, recuerda que las necesidades son más importantes que los deseos.

Algunas veces puedes tener deseos que nisiquiera son tuyos propios, basta con ver una sola publicidad para generar un deseo innecesario lo que conlleva a un gasto innecesario. Recuerda evaluar las condiciones de tu presupuesto y analizar si esa compra es realmente necesaria.

- Objetivo: Diferenciar entre necesidades y deseos.
- Acción: Antes de realizar una compra, pregúntate si es una necesidad o un deseo.
- Decisión Informada: Si es un deseo, espera 24 horas antes de decidir comprarlo.

5. Ahorro Automático Diario

Transferir una pequeña cantidad a tu cuenta de ahorros.

Ejercicio: Generar la constancia del ahorro puede ser todo un desafío, pero es importante que comprendas que no es la cantidad sino la calidad con la que realices este hábito lo que llevará tus finanzas al siguiente nivel.

Recuerda que con una pequeña cantidad diaria puedes hacer la diferencia, ya sean unos pocos centavos lo que ahorres cada día en una alcancía o en una cuenta exclusiva para ahorros, con el tiempo tendrá sus frutos.

- Objetivo: Fomentar el hábito de ahorrar.
- Acción: Programa una transferencia automática diaria de una pequeña cantidad (por ejemplo, $1 o $5) a tu cuenta de ahorros.
- Seguimiento: Revisa tu cuenta de ahorros semanalmente para ver tu progreso.

6. Educación Financiera Diaria

Actividad:
Dedicación de tiempo para aprender
algo nuevo sobre finanzas.

Ejercicio: Poner en práctica tus conocimientos financieros poco a poco es crucial, pero será clave que sigas aprendiendo día a día sobre educación financiera, existen múltiples formas de aprender sobre finanzas hoy en día, desde libros con conceptos básicos hasta podscasts, vídeos y más.
El conocimiento es poder.

- Objetivo: Mejorar el conocimiento financiero.
- Acción: Lee un artículo, escucha un podcast, o mira un video corto sobre un tema financiero.
- Registro: Anota en un diario lo que has aprendido y cómo puedes aplicarlo a tus finanzas.

7. Desafío de No Gastar

Actividad:
Intentar no gastar dinero en cosas no esenciales por un día.

Ejercicio: Poner en práctica tus conocimientos financieros poco a poco es crucial, pero será clave que sigas aprendiendo día a día sobre educación financiera, existen múltiples formas de aprender sobre finanzas hoy en día, desde libros con conceptos básicos hasta podcasts, vídeos y más.

El conocimiento es poder.

- Objetivo: Ser consciente de los gastos innecesarios.
- Acción: Elige un día a la semana para no gastar en nada que no sea absolutamente necesario.
- Reflexión: Al final del día, anota cuánto has ahorrado y cómo te sentiste al evitar gastos.

Tomar control de tus finanzas personales es un viaje continuo lleno de aprendizajes y ajustes. Es importante recordar que cada pequeño paso cuenta y que la consistencia es clave.

Sé paciente contigo
Celebra tus logros
Aprende de tus errores
Mantén una mentalidad positiva
Busca apoyo cuando lo necesites

Ha sido un enorme placer compartir este proceso juntos.
La educación financiera es clave para el desarrollo personal de cualquier individuo.
Unas finanzas ordenadas es una vida ordenada, y una vida ordenada es paz mental.

Es hora de derribar las falsas creencias de que el dinero es malo, o que el dinero no es la solución.

El dinero es el puente hacia la libertad financiera y libertad económica.

¿Estas listo, lista, para transformar tu mundo financiero personal?

Gracias por llegar hasta aquí.

LU.

www.ingramcontent.com/pod-product-compliance
Lightning Source LLC
Chambersburg PA
CBHW070118230526
45472CB00004B/1321